DIAGRAM ISHIKAWY W ZARZĄDZANIU RYZYKIEM

KLUCZOWE INFORMACJE

- **Nazwy: Diagram** Ishikawy, diagram rybiej ości, diagram jodełki, diagram przyczynowo skutkowy, Fishikawa, 5 Ms.

- **Zastosowania:** Diagram Ishikawy identyfikuje przyczyny i skutki danego problemu. Może być również stosowany jako narzędzie analityczne w zarządzaniu projektami (szczególnie w zarządzaniu ryzykiem) oraz w kontroli jakości.

- **Dlaczego jest to skuteczne?** Narzędzie to zapobiega przeoczeniu przez użytkowników niektórych przyczyn problemu i dostarcza elementów niezbędnych do badania potencjalnych rozwiązań. Diagram ten jest uważany za narzędzie zarządzania jakością.

- **Słowa kluczowe:**
  - <u>Podejście</u>: metoda; sposób rozumowania.
  - <u>Burza mózgów</u>: oryginalna technika badawcza oparta na swobodnych skojarzeniach wysuwanych przez wszystkich członków grupy.
  - <u>Przyczyna</u>: powód czegoś; rzecz, która powoduje lub jest za to odpowiedzialna.
  - <u>Efekt</u>: wynik lub konsekwencja.

DIAGRAM ISHIKAWY W ZARZĄDZANIU RYZYKIEM

Przewidywanie i rozwiązywanie problemów w firmie

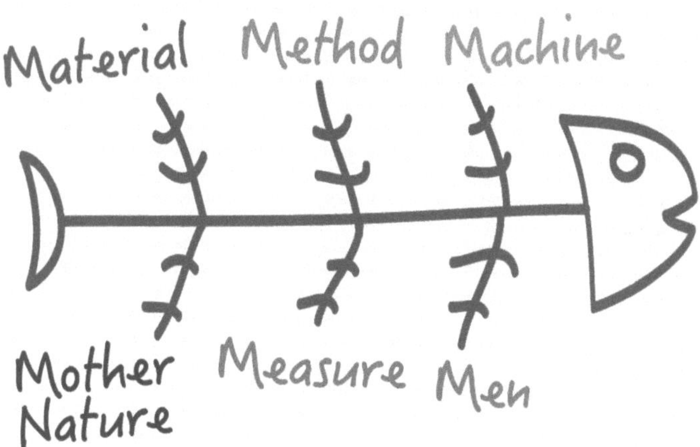

DIAGRAM ISHIKAWY W ZARZĄDZANIU RYZYKIEM

Przewidywanie i rozwiązywanie problemów w firmie

napisany przez Ariane de Saeger
przetłumaczony przez Kâmil Kowalski

50MINUTES.com

- Udział w rynku: procent sprzedaży firmy w stosunku do całkowitej sprzedaży w sektorze.

- Problem: kwestia lub pytanie, które może być dyskutowane i wymaga rozwiązania.

- Rozwiązanie: odpowiedź na problem lub pytanie.

WSTĘP

Historia

Diagram Ishikawy został wynaleziony przez Kaoru Ishikawę (1915-1989), japońskiego profesora i inżyniera chemicznego z Uniwersytetu w Tokio. Znany ekspert i pionier w dziedzinie teorii zarządzania jakością, użył tego diagramu po raz pierwszy w 1943 roku, próbując wyjaśnić grupie inżynierów w firmie stalowej, jak zrozumieć problem oparty na całościowej analizie – tak wyczerpującej, jak to tylko możliwe – złożonych czynników.

Definicja modelu

Diagram Ishikawy to narzędzie graficzne wykorzystywane przez przedsiębiorstwa, które oferuje przegląd przyczyn i skutków problemu. Poprzez uszeregowanie przyczyn, można dokładnie określić źródła problemu.

TEORIA

Chociaż diagram Ishikawy jest wykorzystywany w biznesie głównie jako narzędzie zarządzania jakością lub projektami, szczególnie dobrze nadaje się do zarządzania ryzykiem. Diagram pozwala bowiem nie tylko rozwiązywać problemy, ale także je przewidywać. Na przykład, jeśli firma chce wprowadzić projekt w życie, bada aspekty, które mogą pojawić się w przypadku niepowodzenia projektu. Oceniając różne elementy, które mogłyby wpłynąć na porażkę projektu, firma wie, gdzie skupić swoją uwagę, aby zapobiec faktycznemu wystąpieniu się problemu.

CEL DIAGRAMU ISHIKAWY

Metoda Ishikawy to narzędzie planowania biznesowego, którego celem jest wizualna i uporządkowana analiza przyczyn i skutków określonego problemu.

ZAŁOŻENIA

Model Ishikawy opiera się na dwóch założeniach:

- Istnieje ograniczona liczba przyczyn pierwotnych i wtórnych dla każdego problemu;

- Rozróżnienie tych dwóch rodzajów przyczyn jest pierwszym krokiem do rozwiązania problemu.

SKŁADNIKI MODELU

Profesor Ishikawa kategoryzuje różne przyczyny problemu na pięć grup, zwanych 5 M.

- **Materiał:** odnosi się do wszystkiego, co może być zużyte lub wykorzystane przez projekt, takie jak surowce, papier, woda, energia elektryczna itp.

- **Metoda:** obejmuje istniejące procedury, przepływ informacji, badania i rozwój, sposoby działania itp.

- **Matka Natura:** odpowiada to środowisku i kontekstowi, który może mieć wpływ na projekt (miejsce pracy, tereny zielone itp.).

- **Maszyna:** dotyczy niezbędnego wyposażenia do realizacji projektu. Obejmuje to np. lokal, części zamienne, wyposażenie, sprzęt, oprogramowanie, technologię, maszyny lub wyposażenie zakładu. Ta kategoria z reguły wymaga inwestycji.

- **Manpower, czyli siła robocza:** odnosi się do zasobów ludzkich zaangażowanych w projekt i kwalifikacji personelu.

Każda kategoria może obejmować inne przyczyny lub kategorie przyczyn w zależności od pożądanego poziomu szczegółowości.

OD 5 MS DO 7 LUB 8 MS

Choć początkowo ograniczono się do 5 M, obecnie diagram został przez niektórych rozszerzony do 7 lub 8 M, w zależności od sytuacji. Sam cel pozostaje niezmieniony (innymi słowy, nadal pozwala na konkretną, nadrzędną i wyczerpującą wizualizację przyczyn problemu, który powinien być traktowany priorytetowo) i, co najważniejsze, pozwala na wskazanie najbardziej efektywnego rozwiązania.

Do początkowych 5 Ms można dodać następujące czynniki:

* **Pomiar:** odpowiada wszystkiemu, co można skwantyfikować, aby uzyskać wynik;

* **Zarządzanie:** jest to metoda nadzoru, styl przywództwa itp;

* **Utrzymanie:** budżety, koszty, przychody itp. które nieuchronnie będą miały wpływ na wszystkie pozostałe M.

ZALETY

Diagram Ishikawy oferuje wiele korzyści, ponieważ pozwala użytkownikom na:

* klasyfikację wszystkich przyczyn problemu;

* analizę stosunkowo dużych problemów;

* zachęcenie wszystkich członków zespołu do udziału w analizie i w ten sposób stworzenie dynamiki zarządzania projektem;

* zapobieganie przeoczeniu przyczyn dzięki pracy w grupie;

* określenie obszarów do dalszego zbadania, w których czasami brakuje informacji;

- analizę problemu, niezależnie od dziedziny czy obszaru działalności, w którym jest on doświadczany;

- zyskanie zasobów do opracowania odpowiedniego rozwiązania problemu;

- wgląd na przebieg łańcucha przyczyn i skutków.

Ten rodzaj narzędzia partycypacyjnego oferuje stosunkowo szerokie pole widzenia i refleksji, które pozwala użytkownikom wyjść poza zbyt uproszczone obserwacje, gdy pojawia się problem. Rozszerza ono zakres możliwych przyczyn (potencjalnego) problemu i jednocześnie identyfikuje rozwiązania i interwencje, które należy wprowadzić w celu zapobieżenia lub rozwiązania konkretnego problemu.

OGRANICZENIA I ROZSZERZENIA

OGRANICZENIA I KRYTYKA

- Pomimo wielu zalet diagram Ishikawy nie jest szczególnie przydatny w przypadku wyjątkowo złożonych problemów, gdzie przyczyn jest wiele, a problemy są ze sobą powiązane. Często jednak to właśnie te wzajemne powiązania leżą u podstaw obecnego lub potencjalnego problemu.

- Drugim zarzutem wobec modelu jest ranking przyczyn. Jest on przeprowadzany według doświadczeń grupy roboczej, gdy nie jest oparty na analizie statystycznej powstałego wcześniej problemu. Ranking ten może więc różnić się w zależności od subiektywnego punktu widzenia poszczególnych grup i być mniej trafny i skuteczny niż dane ściśle statystyczne.

Ogólnie rzecz biorąc, wskazane jest stosowanie metody Ishikawy w powiązaniu z inną metodą, aby zapewnić obiektywność i trafność analizy.

POWIĄZANE MODELE I ROZSZERZENIA

Do poszerzenia myślenia o tym samym problemie można wykorzystać kilka narzędzi.

5 Pytań dlaczego

Metoda 5 Pytań dlaczego, po raz pierwszy opracowana i wdrożona w japońskiej firmie motoryzacyjnej Toyota, ma na celu zbadanie pierwotnych przyczyn problemu.

Metoda jest prosta, ale bardzo skuteczna: polega na pięciokrotnym zadaniu pytania "Dlaczego?", aby zidentyfikować prawdziwe źródło problemu. W związku z tym, po zidentyfikowaniu przyczyny powierzchniowej, grupa robocza może szukać różnych przyczyn źródłowych problemu, zadając pytanie "Dlaczego?". Te przyczyny pojawią się zwykle po drugim lub trzecim pytaniu. W większości przypadków u podstaw problemu leżą przyczyny organizacyjne. Ważne jest, aby nie spieszyć się i dokładnie rozważyć różne poziomy, aby uniknąć przeoczenia kluczowych elementów. Metoda ta jest w dużej mierze podobna do diagramu Ishikawy.

Wykres Pareto

Ten wykres, a raczej histogram, jest narzędziem analizy danych, które pozwala użytkownikom na wizualizację występowania problemów jako procent w porządku malejącym. Dzięki temu priorytet staje się bardziej czytelny, gdyż decydent wie, na który element zwrócić uwagę. Jest to podstawowy system, który ułatwia wizualizację skali problemu.

Siatka efektywności

Siatka efektywności to wykres, który pokazuje różne możliwe rozwiązania. Podczas gdy inne narzędzia rozszerzają pole rozważań nad genezą problemu, siatka efektywności pozwala na bardziej matematyczne podejście i porównuje zarówno efektywność, jak i koszt rozwiązania. Po wypełnieniu siatki użytkownik w logiczny sposób wybierze rozwiązanie, które okaże się najskuteczniejsze przy najniższym koszcie (efektywności), jednocześnie rozważając jego wykonalność. Jeśli z takich czy innych powodów zespół nie zdecyduje się na to rozwiązanie, będzie musiał uzasadnić swój wybór, przedstawiając cele, które zostały uszeregowane i szczególnie uwzględnione w projekcie.

Oś x przedstawia koszt, a oś y efektywność.

Potencjalne rozwiązania powinny być umieszczane w sieci na podstawie ich kosztów i efektywności. Ważne jest, aby pamiętać o kilku podstawowych ideach dotyczących analizy opłacalności:

- skuteczność mierzona jest jednym, z góry określonym wynikiem;

- należy zmierzyć całkowity koszt każdego rozwiązania;

- jest to narzędzie oceny projektu lub programu, gdzie cel można sprowadzić do jednego rezultatu;

- analiza ta może być stosowana przed, w trakcie i po zakończeniu projektu.

Pamiętając o tych czynnikach, najkorzystniejsze rozwiązanie (najbardziej efektywne przy najniższych kosztach) stanie się jasne.

Metoda CARRTDAF

Podobnie jak siatka efektywności, metoda CARRTDAF jest bardziej skoncentrowana na poszukiwaniu rozwiązań niż przyczyn problemu. Pozostaje jednak ciekawym i komplementarnym narzędziem w stosunku do diagramu Ishikawy.

Powodzenie tej metody zależy od wielu czynników, w tym od aktywnego udziału grupy roboczej oraz różnorodności zawodów i umiejętności jej uczestników. Procedura, jaką należy zastosować przy wdrażaniu tego narzędzia, jest bardziej skomplikowana niż ta, która jest konieczna w przypadku diagramu Ishikawy i metod uzupełniających przedstawionych wcześniej.

Wniosek

Widać wyraźnie, że poszczególne modele są ze sobą powiązane i że analizy problemu, jego przyczyn i rozwiązań idą ze sobą w parze. Z pewnością trudno jest postrzegać diagram Ishikawy jako wyizolowane narzędzie, ponieważ analiza przyczyn nie może mieć miejsca bez dokładnej analizy problemu i jego rozwiązań. W każdym razie menedżer jest częścią ciągłego procesu i wykorzystuje jak najwięcej narzędzi metodycznych do rozwiązania danego problemu ze swoją grupą roboczą, aż do uzyskania satysfakcji, że znalazł potencjalnie wykonalne rozwiązania.

PRAKTYCZNE ZASTOSOWANIE

PORADY I NAJLEPSZE PRAKTYKI

Kroki konstruowania diagramu

Diagram Ishikawy jest konstruowany stopniowo poprzez stopniową realizację poszczególnych etapów pracy potrzebnych do przemyślenia i sporządzenia użytecznej reprezentacji graficznej dotyczącej problemu. W szczególności, użytkownicy muszą:

- **Wyraźnie zdefiniuj problem,** a gdy już to zrobisz, narysuj poziomą strzałkę wskazującą na problem, wypadek lub skutek.

- **Sporządzić spis możliwych przyczyn** (na przykład poprzez burzę mózgów) i współpracować z kompetentnymi osobami i ekspertami w dziedzinie, której dotyczy problem.

- **Zbierz dane z burzy mózgów**.

- **Skategoryzuj pomysły w grupy (5-8 M)**, ale pamiętaj, że nie wszystkie M muszą dotyczyć każdego sektora. Należy pamiętać, że metoda Ishikawy musi być dostosowana do tematu, kontekstu i problemu. Ten krok umożliwia narysowanie drugorzędnych strzałek, które muszą być dołączone do głównej strzałki poziomej. Każda z tych strzałek reprezentuje jedną z grup potencjalnych przyczyn.

- **Dla każdej gałęzi należy poszukać pierwotnych przyczyn problemu,** które nie zostały jeszcze zidentyfikowane. Po tym kroku można narysować mniejsze strzałki odpowiadające przyczynom z poszczególnych grup.

- **Oceń priorytetowe przyczyny** i zważ każdą z nich, aby określić najważniejsze kierunki działania i uszeregować je.

- **Wybierz przyczyny do działania**, po ukończeniu diagramu, w zależności od priorytetu, jaki został im nadany. Następnie potencjalne przyczyny i przyczyny wtórne zostaną podzielone na dwie grupy.

- **Wprowadzić rozwiązania i działania naprawcze.** Ten krok może odpowiadać fazie testów lub fazie wdrażania rozwiązań.

Wszystkie elementy są w ten sposób złożone, co pozwala kierownikowi projektu na wizualizację "rybiej ości" i organizację grup roboczych w zależności od testowanych rozwiązań. Dla każdego M do diagramu zostanie dodana "kość", jak pokazano poniżej.

Pułapki, których należy unikać

Trudność diagramu Ishikawy wynika nie tyle z jego etapowej metodologii, która faktycznie ułatwia jego rysowanie, ale z pominięcia pewnych kluczowych elementów:

- **Znaczenie pracy zespołowej. Leży** ona u podstaw całego myślenia w trakcie i po skonstruowaniu schematu. W rzeczywistości bez szerokiej refleksji, zespołu o zróżnicowanych umiejętnościach, mentalności grupowej czy aktywnego i dynamicznego udziału zbiorowego (poszukiwanie rozwiązań, zgodne uzgodnienie priorytetów itp.), przyczyny problemu nie zostaną dokładnie przeanalizowane, a najbardziej oczywiste rozwiązanie może nie zostać wzięte pod uwagę.

- **Zastosowanie narzędzia.** Chociaż diagram Ishikawy jest uważany za narzędzie zarządzania jakością, nie należy go sprowadzać wyłącznie do tego celu. Podczas przygotowywania projektu można go wykorzystać do analizy kontekstowej i/lub analizy potencjalnego ryzyka, czyli aspektu, który obecnie jest coraz częściej brany pod uwagę w biznesie. Ponadto szkoda byłoby traktować go tylko jako narzędzie do poszukiwania przyczyn problemu, ponieważ można go również wykorzystać do analizy przyczyn sukcesu.

- **Charakter burzy mózgów.** Wskazana jest wymiana punktów widzenia ze wszystkimi członkami zespołu w celu zajęcia się wszystkimi aspektami (przyczynami i skutkami) problemu, przy czym każda osoba może swobodnie wyrazić swoją osobistą opinię na temat danego zagadnienia.

- **Szacunek dla procesu.** Ważne jest, aby stopniowo szeregować przyczyny, zgodnie z ich znaczeniem w odniesieniu do problemu. W rzeczywistości diagram Ishikawy opiera się głównie na zadawaniu pytań i wymyślaniu powiązanych ze sobą pomysłów na temat badanego problemu.

- **Zakres jej stosowalności**. Chociaż metoda Ishikawy była pierwotnie przeznaczona dla inżynierów i ogólnie zorientowana na świat biznesu, to powinna mieć zastosowanie również we wszystkich sektorach (publicznym i prywatnym), np. w szpitalach. Jej terminologia oraz czynniki badane za pomocą tego narzędzia powinny być zatem dostosowane do sektora, w którym stosowana jest analiza.

Zalecenia

Diagram Ishikawy jest omawiany w wielu pracach źródłowych, które dostarczają wielu istotnych opinii dotyczących prawidłowego wdrożenia tego narzędzia. Poniżej przedstawiono kilka głównych rad zawartych w literaturze:

- **Bądź metodyczny.** Chociaż diagram Ishikawy jest bardzo ciekawym i skutecznym narzędziem, nadal ważne jest, aby unikać cięcia na skróty i szukać przyczyn przed rozwiązaniami.

- **Zwróć uwagę.** W trakcie dyskusji mogą pojawić się nowe przyczyny. Na tym etapie burzy mózgów nie należy niczego pomijać, aby pobudzić kreatywność, otwartość i sugestie grupy.

- **Bądź drobiazgowy.** Jeśli przyczyny są zbyt liczne i prowadzą do zbyt skomplikowanego diagramu, lepiej skonstruować go gałąź po gałęzi.

- **Bądź pragmatyczny.** Konieczne jest dostosowanie terminologii tego narzędzia do sektora, w którym jest ono stosowane.

- **Bądź dokładny.** Diagram nie powinien ograniczać się do przyczyn negatywnych, ale powinien analizować również przyczyny pozytywne.

- **Bądź precyzyjny.** Sprawdź, czy ustalone przyczyny rzeczywiście prowadzą do zaobserwowanego w praktyce efektu.

STUDIUM PRZYPADKU

Diagram Ishikawy pozwala na łatwą, prostą i uporządkowaną analizę problemu poprzez określenie jego przyczyn i skutków. Weźmy przykład supermarketu w Genewie, który boryka się z bardzo niskim wskaźnikiem zadowolenia klientów i załóżmy, że:

- Supermarket jest znanym sklepem, który ma równy udział w rynku z innymi supermarketami w Genewie.

- Celem firmy jest osiągnięcie rocznego wskaźnika zadowolenia klientów na poziomie 80%.

- Dział marketingu postanawia wdrożyć badanie satysfakcji, aby poznać postrzeganie usług oferowanych klientom.

- Ankieta jest stosunkowo krótka, z jednym pytaniem na temat, a mianowicie "Czy jest Pan/Pani zadowolony/a z…?", na które należy odpowiedzieć według skali zadowolenia od 0-5 (gdzie 0 oznacza całkowite niezadowolenie, a 5 pełne zadowolenie). Tematy obejmują jakość personelu, jakość produktów, infrastrukturę, lokalizację supermarketu itp.

Zauważ, że bardziej szczegółowe badanie satysfakcji mogło pomóc zespołowi lepiej zrozumieć rzeczywiste przyczyny ogólnego niezadowolenia. Ponieważ jednak klienci na ogół poświęcają na nią niewiele czasu, badacze często wolą zaproponować im krótki kwestionariusz.

Napotkany problem

Po przebadaniu prawie 500 klientów z dziesięciu różnych sklepów, zsumowanie wyników ujawniło niski poziom zadowolenia klientów: tylko 20%.

Zastosowanie modelu

Aby podjąć konkretne działania, zespół marketingowy postanawia przeanalizować przyczyny problemu, zanim opracuje jakiekolwiek rozwiązanie czy nawet plan działania.

Kierownik działu marketingu chce stworzyć grupę roboczą składającą się z członków różnych działów o zróżnicowanych umiejętnościach i długoletnim doświadczeniu. W tym celu kontaktuje się z każdym działem (komunikacja, finanse, produkt, logistyka itd.), aby w fazie burzy mózgów uzyskać szerszy pogląd na przyczyny leżące u podstaw problemu. Po wybraniu członków wyjaśnia im, że tematem następnego spotkania roboczego będzie określenie przyczyn leżących u podstaw niepokojących wyników badania opinii klientów: wskaźnik zadowolenia wynosi 20%, co jest dalekie od początkowo ustalonego rocznego celu 80%. W ten sposób menedżer może poprosić uczestników o wcześniejsze zapisanie, jakie ich zdaniem są przyczyny (pierwotne i wtórne) tego problemu.

- **Pierwsze spotkanie.** Podczas pierwszej sesji burzy mózgów dyskusja jest ożywiona, a pomysły dzielone. Lider grupy podczas sesji roboczej przedstawia listę wszystkich zidentyfikowanych przyczyn według pięciu głównych kategorii przyczyn zaproponowanych przez Ishikawę: materiał, metoda, Matka Natura, maszyna i siła robocza. Przyczyny związane z aspektem budżetowym, czyli środkami finansowymi, są w tym przypadku znaczne, biorąc pod uwagę otoczenie biznesowe. Na przykład w sytuacji kryzysu ekonomicznego, w przypadku zmniejszenia liczby pracowników, jakość usług może być niższa, a tym samym spowodować spadek zadowolenia klientów. Wkład lidera grupy zależy oczywiście od dynamiki grupy i będzie on uczestniczył w większym lub mniejszym stopniu w zależności od sytuacji. W każdym przypadku poprosi uczestników o uszeregowanie zidentyfikowanych przyczyn w kolejności od najważniejszej do najmniejszej, nie pomijając żadnych pomysłów dotyczących pochodzenia problemu, nawet jeśli są one trudne do usłyszenia dla menedżera.

- **Zrób krok wstecz.** Po wykonaniu pierwszego kroku zawsze warto dać uczestnikom chwilę na zrobienie kroku wstecz, aby mogli powrócić do elementów, które wcześniej zostały pominięte podczas pierwszej sesji burzy mózgów. W międzyczasie daje to menedżerowi czas na przeorganizowanie różnych pomysłów zgłoszonych przez grupę, zadanie nowych pytań, umieszczenie omówionych przyczyn na wykresie i obserwację kategorii przyczyn pozostawionych bez rozpatrzenia. Od tego momentu skorzystają z ogólnego spojrzenia i bardziej przejrzystej wizji, która pozwoli im jasno przewidzieć priorytetowe przyczyny, które wymagają dogłębnej analizy.

- **Drugie spotkanie.** Podczas tego drugiego spotkania roboczego należy podsumować problem i przyczyny w celu określenia pierwotnej przyczyny (przyczyn). Następnie grupa robocza zastanowi się nad działaniami, które należy wdrożyć w swoich działach w celu usunięcia pierwotnej przyczyny (przyczyn) problemu niezadowolenia.

Możemy teraz ponownie przyjrzeć się problemowi i potencjalnym przyczynom omawianym przez grupę:

- Matka Natura: Sklep znajduje się daleko od centrum.

- Materiał: W sklepie nie ma działu poświęconego produktom ekologicznym.

- Metody: Jest za mało pracowników, co powoduje kolejki przy kasach, godziny otwarcia sklepu są nieelastyczne, a telefoniczna obsługa klienta jest nieefektywna.

- Maszyna: Często występują problemy podczas korzystania z kas samoobsługowych, problemy z kasami elektronicznymi itp.

- Siła robocza: personel jest nieuprzejmy i/lub niekompetentny, obsługa klienta jest nieefektywna i/lub nie istnieje.

Czynniki powodujące niezadowolenie klientów są tak liczne, że być może przydatne było umieszczenie na końcu kwestionariusza satysfakcji pola na sugestie, aby umożliwić niezadowolonym klientom swobodne wypowiedzi.

Wreszcie, jeśli przyczyna określona jako priorytetowa skupia się na niekompetentnym personelu (brak wiedzy o produktach oferowanych przez supermarket) i musi być usunięta szybko i skutecznie, należy rozważyć skuteczne rozwiązania. Mogą to być szkolenia, które w jasny sposób wyjaśniają poszczególne produkty z asortymentu oferowanego przez markę, czy też podstawy relacji pracownik-klient.

W okresie od sześciu miesięcy do jednego roku po wprowadzeniu niezbędnych korekt kierownictwo musi pamiętać o sprawdzeniu wyników, aby potwierdzić, że wdrożony plan działania rzeczywiście przyniósł efekty. W tym celu zespół marketingowy może przeprowadzić między innymi nowe badanie satysfakcji.

Wniosek

Zarządzanie jakością problemu może być wykonane w prosty sposób, pod warunkiem, że podejście jest uporządkowane i dobrze przemyślane. W tym przykładzie nie można powiedzieć, czy wynik zastosowania wykresu będzie automatycznie pozytywny i że rok później klienci będą mniej lub bardziej zadowoleni. W rzeczywistości dane liczbowe z działu finansowego (wskaźnik satysfakcji, dane dotyczące sprzedaży itp.) pomogłyby dokładniej określić przyczynę. Jeśli sprzedaż i zadowolenie klientów są niższe, łatwo wywnioskować, że jakość produktu spadła i dlatego należy zwrócić uwagę na materiały.

Inne powiązane modele przedstawione wcześniej mogą również uzupełniać podejście Ishikawy.

PODSUMOWANIE

- Diagram Ishikawy to narzędzie zarządzania jakością, opracowane w latach 40. XX wieku przez japońskiego inżyniera Kaoru Ishikawę.

- Metoda ta zachęca do uporządkowanej analizy problemu poprzez określenie jego przyczyn i skutków.

- Kroki prowadzące do rozwiązania problemu to:

    - kojarzenie przyczyn z jednym skutkiem;

    - uporządkowanie przyczyn w kategorie (5 lub 8 Ms);

    - uszeregowanie przyczyn w kolejności ważności;

    - określanie priorytetów;

    - wdrożenie najbardziej odpowiedniego rozwiązania.

- Jest to podejście indywidualne i zbiorowe (łączenie pomysłów), w którym istotnymi aspektami są praca zespołowa, burza mózgów i budowa schematu.

- Zakłada się, że jakość wyniku uzyskanego z diagramu zależy głównie od grupy roboczej (członkowie grupy powinni uzupełniać się pod względem umiejętności, wiedzy i doświadczenia).

- Istnieją inne narzędzia podobne do diagramu Ishikawy:

    - 5 Pytań dlaczego;

    - wykres Pareto;

- siatka efektywności;

  - metoda CARRTDAF.

- Dokładne i jasne odwzorowanie przyczyn problemu przyczynia się do skuteczności narzędzia.

- Zalecenia:

  - pracuj metodycznie, wymieniając fakty;

  - oprzeć swoją pracę na dokładnych i sprawdzonych dowodach;

  - nie pomijaj etapów i rozwijaj je rygorystycznie;

  - wykorzystaj dodatkowe narzędzia, aby zapewnić, że Twoje podejście jest dokładne i konstruktywne.

DALSZE CZYTANIE

BIBLIOGRAFIA

Agence Nationale pour la Promotion de l'Innovation et de la Recherche au Luxembourg (2008) *Diagramme d'Ishikawa = diagramme cause-effet.* [Online]. [Dostęp 15 lutego 2017]. Dostępny w: < http://www.innovation.public.lu/fr/innover/gestion-innovation/resolution-probleme/diagrammeishikawa-fr.pdf>

Komisja Europejska (2014) *L'analyse coût-efficacité.* [Online]. [Dostęp 22 grudnia 2014]. Dostępny w Internet Archive: < https://web.archive.org/web/20150421232210/http://ec.europa.eu/europeaid/evaluation/methodology/examples/too_cef_res_fr.pdf>

Gillet-Goinard, F. i Seno, B. (2012) *Le grand livre du responsable qualité.* Paris: Eyrolles.

Ishikawa, K. (1984) *La gestion de la qualité. Outils et applications pratiques.* Paris: Dunod.

Le Dico du Marketing. *Définition. Diagram przyczyny i skutku Kaoru Ishikawy.* [Online]. [Dostęp 12 grudnia 2014]. Dostępny w: < http://www.ledicodumarketing.fr/definitions/Diagramme-de-cause-a-effet-de-Kaoru-Ishikawa.html>

Lehu, J.-M. (2012) *L'encyclopédie du marketing.* Paris: Eyrolles.

Manager GO! (2013) *Comment utiliser le diagramme d'Ishikawa.* [Online]. [Dostęp 12 grudnia 2014]. Dostępny w: < http://www.manager-go.com/gestion-de-projet/dossiers-methodes/ishikawa-5m>

Nachal, L. (2011) La construction d'un diagramme cau-
   ses-effets. *InfoQualité*. [Online]. [Dostęp 12 grudnia 2014].
   Dostępny w: < http://www.infoqualite.fr/la-constructi-
   on-dun-diagramme-causes-effets/>

Pommeret, B. (2013) *La boîte à outil de l'organisation*. Paris:
   Dunod.

DODATKOWE ŹRÓDŁA

Ishikawa, K. (1985) *Czym jest Total Quality Control: The Japanese
   Way*. Trans. Lu, D. J. New Jersey: Prentice Hall.

Chcemy usłyszeć od Ciebie, co się dzieje!
Zostaw komentarz na temat swojej internetowej biblioteki
i podziel się swoimi ulubionymi książkami w mediach społecznościowych!

IMPROVE YOUR GENERAL KNOWLEDGE

IN THE BLINK OF AN EYE!

www.50minutes.com

Wydawca zapewnia o wiarygodności publikowanych informacji, co jednak nie może wiązać się z jego odpowiedzialnością.

Master ISBN : 9782808066501
Papierowy ISBN : 9782808069298
Depozyt prawny: D/2022/12603/150

Projekt cyfrowy: Primento – cyfrowy partner wydawców.